BOLA DE FENO

bola de feno

carina sedevich

tradução de
ellen maria vasconcellos

© moinhos, 2019.
© carina sedevich, 2019.

publicado originalmente como
Un cardo ruso, Alción Editora, Córdoba, Argentina, 2016

edição: camila araujo & nathan matos

tradução: ellen maria vasconcellos

revisão: literaturabr editorial

diagramação e projeto gráfico: literaturabr editorial

ilustração da capa: aylén bartolino luna

capa: sérgio ricardo

nesta edição, respeitou-se o novo
acordo ortográfico da língua portuguesa.

Dados Internacionais de Catalogação na Publicação (CIP)
de acordo com ISBD

S447b
Sedevich, Carina

Bola de feno / Carina Sedevich ; traduzido por Ellen Maria Vasconcellos. - Belo Horizonte, MG : Moinhos, 2018.
58 p. ; 12cm x 18cm.
ISBN: 978-85-45557-39-5
1. Literatura argentina. 2. Poesia. I. Vasconcellos, Ellen Maria. II. Título.

2018-1171

CDD 868.9932
CDU 821.134.2(82)

Elaborado por Odilio Hilario Moreira Junior - CRB-8/9949

Índice para catálogo sistemático:
1. Literatura argentina : Poesia 868.9932
2. Literatura argentina : Poesia 821.134.2(81)

todos os direitos desta edição reservados à
editora moinhos
editoramoinhos.com.br
contato@editoramoinhos.com.br

Apresentação
por Miriam Reyes

Desde que conheço Carina Sedevich, cada novo livro seu supera aos anteriores com profundidade e exatidão. Quando eu acho que não cabe mais um passo em uma determina direção, ela decide ampliar o caminho. Como leitora, me emociona ser testemunha de sua busca, embarcar com ela em sua expedição poética e vital, avançar juntas. Escrever este prólogo é caminhar um trecho ao seu lado, e estender a mão para que outros e outras caminhem também. É uma maneira de compartilhar um presente: vocês também podem descobri-la, admirá-la e amá-la, como eu.

Bola de feno é um livro que atravessa o inverno e é um livro de estar no mundo. Por isso, a epígrafe do poeta japonês Taneda Santoka, que abre o poemário – *Na neve, na neve caindo / Neste silêncio / Eu estou* – é o umbral perfeito para ir se adentrando nestes poemas. A palavra de Sedevich neste volume é leve e intensa ao mesmo tempo. Assim como podem ser um sabor, uma música ou um aroma. Algo que penetra sem perfurar. Tem um quê de haicai em seu fôlego, na simplicidade e na precisão à hora de dizer; e também no desprendimento progressivo do eu. Ela diz: *Perdi os grandes pensamentos*. E assim se define: este não é um livro de grandes pensamentos, mas sim de pequenas revelações que ajudam a viver: *Atravessar o parque / observando as árvores / salva.*

Bola de feno é também um livro de renúncias e de entregas, ou seja, é um livro de eleições: *Consegui alguma liberdade / à força das grandes solidões.* Através da contemplação, propõe uma maneira de estar no mundo desvestida dos artifícios do pensamento racional, *vazia de rancores e ambições,* e da necessidade de possuir. Capaz de transmitir com intensidade sua percepção, com seus poemas provoca um estado parecido aos que os geraram. Desde a contemplação do mundo que a rodeia e através da palavra, Sedevich chega a uma profunda comunhão com a vida. E quando chega, nós também chegamos.

As cenas que descreve se abrem nitidamente diante de nossos olhos: *Acompanho minha mãe que se banha. / Nossos corpos solitários / se parecem. / Olho as pedras velhas de seus olhos. / Falamos baixo, como em uma missa. / Me torno doce na água / que a enxagua.* Somos suas testemunhas.

O livro começa e acaba com uma menina, uma cor e uma árvore. E vai traçando um caminho até o outro lado do inverno. A menina, o amarelo e o ipê[1] são seus apoios, seus guias.

---

[1] Que encantador descobrir que essa árvore que tanto lhe acompanhou e nos acompanhou em seus poemas é um *araguaney* – ou, ao menos, um primo-irmão dele –. Saberá ela que sua árvore é também a árvore nacional de Venezuela?

Também estão o filho, o irmão, a mãe, os homens que amou e que a amaram (mas esses não são seus guias, eles são outra coisa). E depois estão também dois símbolos cujos significados não deixam de se multiplicar e de se afinar quanto mais eu penso neles: um é o marmelo; e o outro, a bola de feno. Dentro dos muitos significados que para mim tem essa planta, quando li este livro, senti que nós duas éramos como bolas de feno. Florescemos e frutificamos no verão; secamo-nos no outono; então, nossos talos são cortados ao rés do chão e somos empurradas pelo vento. E é assim, já secas, rodando pela terra, sem alimento e sem raízes, que as bolas de feno vão espalhando suas sementes.

Atrevo-me a dizer que a palavra de Carina Sedevich é semente. Sua poesia, cada vez mais depurada e mais exata, ressoa por muito tempo depois de sua leitura. E com cada nova leitura, se adentra um pouco mais e se agarra mais forte, fincando terreno no peito.

Gostaria de me despedir deste prólogo com outro haicai de Santoka que condensa o que penso da poética de Carina Sedevich: *Na mais frondosa mata / da montanha / atingir à nudez.*

Passem, não temam, é sábia e serena a mulher que daqui em diante lhes acompanha. Ela conhece a dor e sabe curá-la.

Para Francisco Sedevich, mais uma vez
E para Isabella, que me devolveu a vida

Na neve, na neve caindo
Neste silêncio
Eu estou.

Taneda Santoka

Sempre que chove me lembro do amarelo

1

Sempre que chove me lembro do amarelo.
Penso no dente de leão, sedoso,
que naquela tarde desfez minha sobrinha.
E em sua cabeça, como uma grande cebola,
fulgurante sobre a grama úmida.

*

Entre os galhos mais baixos do ipê
a menina arranca flores amarelas.
Diz que pensa nessas flores
por muito tempo.
E eu sorrio.
Quase não penso
há muito tempo.

*

Nesta tarde
a chuva malogra
em minha memória
uma árvore
que nunca conheci.

2

Entre os galhos um bem-te-vi canta.
Quando era pequena me afligia.
Voltarei a ser infértil, pura, magra.
Voltarei a deixar crescer o meu cabelo.
Esquecerei meu sexo como deixo
esquecer a trama dos contos.
Penso na pena dos pássaros
como se pensa numa tatuagem velha.

*

Atravesso o parque.
As caturritas
calam o cochilo com seu riso
verde.

*

Só há nuvens no céu.
Meu filho está triste por amor.
E longe.

*

Ciprestes secos.
Se eu pudesse emprestar meu coração,
neste transe,
filho.

*

Outra vez os bem-te-vis.
Talvez meu filho
hoje esteja dramático
seu canto.

*

Atravessando o parque
descubro outro grande ninho de caturritas.
Preferem certas árvores,
escuras e grandes.

*

Querido filho:
Atravessar o parque
observando as árvores
salva.

3

Minha mãe está doente e vou visitá-la.

Caminho ao lado do rio e de frente para o sol
seguindo as estrelas,
que se elevam.

Chego à rua de areia.
Um perfume
penetra, aéreo,
minha alma.

Estas peregrinações pelo bairro
abrem o tempo
de sopesar a morte.

*

Acompanho minha mãe que se banha.
Nossos corpos solitários
se parecem.
Olho as pedras velhas de seus olhos.
Falamos baixo, como em uma missa.
Me torno doce na água
que a enxagua.

*

De repente
ainda nos desconcerta
a única certeza:
nossa morte.

4

Estes são os grandes dias,
os de céu escuro.
O coração, que pende
como uma flor lacustre,
irradia seu calor
feroz e fúnebre.

*

Nós, de cidadezinhas, temos sorte.
Andamos tranquilos na manhã fria
enquanto vibram os pássaros e as flores.

*

Na rua
me acompanham penosos pensamentos.
Também me lembro de minha mãe
dizendo que é mais puro
o ar
de manhã.

5

Penso em sua pena, irmão,
e o coração me pesa
como ao velho limoeiro
seus limões.

*

Escrevo para dar essas notícias:
a aroeira floriu.
Os algodoeiros abotoam.
As formas das aves se desenham
entre os galhos mais altos dos salgueiros.

*

Amanheci como uma vaca.
Pacífica sobre o pasto.
Satisfeita sob o sol.
Tão escura e tão branca
como qualquer outra vaca.
Umedecem meus olhos.
São redondos e puros.

A geada vive quando o sol a resplandece

1

Com uma gota d'água o inverno pode começar.

*

Um homem passa ao meu lado.
Vocês se parecem.
Fuma.
É de pedra molhada
o tecido cinza de seu casaco.
Cheira a sombra de pinho
sua barba pura.

*

Sorrio em minha falaz evocação.
A geada vive quando o sol a resplandece.

2

Na janela
não pode passar mais
do que já se passa,
inverno.

*

Homens que amei e que me amaram:
morreremos.

*

Na janela, mesmo que passe o tempo,
as pessoas parecem ser as mesmas.
Não me esperam.

*

Chuva branda:
como não espero ninguém
o mundo é um lugar amável.

*

Chove. Em minha casa
desjejuo só.
Não sei nada
dos velhos amores
há tempos.

As folhas de chá
douram as águas
igual cada dia:
milagrosas.

*

Na janela
pendendo dos ferros
ficou a chuva.

3

Esta manhã
observava a figura dos tordos
e da fruta seca dos plátanos
pela janela.
Em meia hora
o passado e o presente
se fizeram do tamanho
das minhas mãos.

*

Vigiando as pombas
por trás dos vidros
minha gata sonha que está livre.
Detrás de cada lâmpada que acendo
sonho eu.

*

Consegui alguma liberdade
à força das grandes solidões.
Minha gata me entende
e se cala.

*

Se soubermos esperar
o gato comerá
seu próprio vômito.
O mesmo passará
com minhas palavras.

4

Escuro e morno
como um genital
é o esquecimento.

*

Dizem que escrevo sobre um amor eterno.
Diz meu amado que são meras palavras.

*

Vazia de rancores e ambições
minha alma é um pano
que posso sustentar em uma mão.
Cai.
Cobre como a um morto.

– Para chegar a isso,
no entanto,
foi necessário usar
tantas palavras. –

5

Granizo em outubro.
Os ipês
abriram suas flores
para isso.

*

A noite é tão profunda.
Mas a graça do chá
cai em minha xícara
como cai o sol sobre os rios.

*

Frio de novo.

Depois de muito tempo
volto a ler meu mestre.

Aprendo outra vez.
Desde o silêncio
como aprendem os seres inocentes.

*

Querido meu:

Que minhas palavras passem ao seu lado como uma bola de feno sobre o campo.

Amém.

O sol se afasta como um balão de hélio

1

Em um filme oriental
os mortos escolhem uma lembrança
para viver nele como um inseto
imóvel num ápice de âmbar.

Buscam momentos sem exaltações
nos quais não puderam vislumbrar
indícios de passado ou de porvir.

Por fim,
preferem lembrar-se sozinhos.

2

Bebê:

O sol se afasta como um balão de hélio.

Sempre é de dia no inverno.
A luz é dura, vertical, provada,
como a ferida de um punhal.

Também são fortes suas gengivas
mesmo que sejam rosadas, ainda.

*

Bebê, esta mulher atravessa a praça
com uma xícara velha na bolsa.
Pensa em usá-la para te alimentar.

*

Bebê, esta mulher escreve
sentada na beira de seu berço
enquanto a vida não deixa de escorrer.

Aproxima-se da janela
de onde só se vê telhados e pombas
e pensa que isso é tudo.

E é suficiente.

3

Vejo dormir o bebê.
Seus dedos desenham figuras fabulosas.
Seus olhos traçam trajetórias trêmulas.

*

Reparo em seus brinquinhos diminutos.

Penso nas verdes gavinhas
que arrematam os talos das abóboras
e nos doloridos hortelãos
fincados na terra, com ternura.

*

Os olhos fixos no pé-direito.

Em meu peito,
tombada como o coração de um touro,
se acalenta a desventura.

*

– Morreu um menino.

Ambarino,
o pavilhão de sua orelha
se transluz sob o sol

em minha memória. –

4

Meus olhos fixos no pé-direito.

Os do bebê que dorme,
ao contrário, brancos
como a cerração
sobre um pasto.

*

Os olhos fixos no pé-direito.
Penso no vinho que bebi há pouco.

Poderia morrer ou poderia viver.
Mas penso em um vinho.

*

Os olhos fixos no pé-direito.
Penso em lavar as mãos
do bebê que dorme.

*

Os olhos fixos no pé-direito.
Penso que me esqueci de comprar azeite.

*

– Penso na dona do herbolário
que me vê chegar com desconfiança
porque uma vez
devolvi um frasco de mel
que estava ruim. –

*

Os olhos fixos no pé-direito.
Perdi os grandes pensamentos.
Azeite, mel, geada, vinho.
Lavar as mãos do bebê que dorme.

5

Assim como a plumagem do tordo
é mais brilhante que a do gato
sob o sol

assim minha menina
é mais pálida que a água
quando dorme.

*

Bebê:

O olho da cria da pomba
que pela tarde escapou assustada
é como o seu.
Sincero. Grande.

– Agora chove.
Que a encontre sua mãe
e a guarde
da penumbra da água
e da nossa. –

*

Ninguém pode
com mais de uma coisa de uma vez
nesta vida.

Por esses dias
só me ocupo
de um bebê que dorme.

A luz eufórica dos marmelos {coda}

1

Alcancei sua mão pela primeira vez
como uma menina
tocaria um marmelo entre os galhos.
Cítrica, crua,
era a oferenda de sua mão muda.

2

Porque essa noite pude tocar sua mão
hoje que volta a geada
eu me amparo
na luz eufórica dos marmelos.

3

Quero abraçar uma harpa e que suas cordas
deixem cair as vozes dos pássaros
que vagueiam pela árvore dos marmelos.

4

– E se um marmelo por azar cai
poderei vê-lo como via sua mão:
aquela doce matéria sobre-humana. –

5

Existe uma maneira limpa
em cada gesto de suas mãos finas.
Vejo com pena como o ar oxida
a polpa dura do marmelo roto.

6

Tarde de outubro. Fascinada
– sob o ipê que arrasou o granizo –
em uma oração pelo marmelo
repito o fragor do amarelo.

Apresentação
por Miriam Reyes   17

Sempre que chove me lembro do amarelo
Sempre que chove me lembro do amarelo.   17
Entre os galhos um bem-te-vi canta.   18
Minha mãe está doente e vou visitá-la.   20
Estes são os grandes dias,   22
Penso em sua pena, irmão,   23

A geada vive quando o sol a resplandece
Com uma gota d'água o inverno pode começar.   27
Na janela   28
Esta manhã   30
Escuro e morno   32
Granizo em outubro.   33

O sol se afasta como um balão de hélio
Em um filme oriental   37
Bebê: 38
Vejo dormir o bebê.   39
Meus olhos fixos no pé-direito.   40
Assim como a plumagem do tordo   42

A luz eufórica dos marmelos {coda}
Alcancei sua mão pela primeira vez   47
Porque essa noite pude tocar sua mão   48
Quero abraçar uma harpa e que suas cordas   49
– E se um marmelo por azar cai   50
Existe uma maneira limpa   51
Tarde de outubro. Fascinada   52

Este livro foi composto em Lora,
enquanto *Preciso ser amado*, de Tim Maia tocava ao início de
janeiro de 2019, para a Editora Moinhos.